SONDERSCHRIFT DES IFO-INSTITUTS FÜR WIRTSCHAFTSFORSCHUNG

Nr. 32

IFO-INSTITUT FÜR WIRTSCHAFTSFORSCHUNG

Zum Unbehagen über die Entwicklungshilfe

Von

Prof. Dr. Otto Donner

Washington/USA

DUNCKER & HUMBLOT / BERLIN·MÜNCHEN

Alle Rechte vorbehalten
© 1962 Duncker & Humblot, Berlin
Gedruckt 1962 bei Berliner Buchdruckerei Union GmbH., Berlin SW 61
Printed in Germany

Inhalt

Kritische Äußerungen	7
Warum überhaupt Entwicklungshilfe?	9
Hoffnungslose Stagnation der Entwicklungsgebiete?	11
Marktwirtschaftliche vs. öffentliche Entwicklungshilfe	13
Zu den eigenen Anstrengungen der Entwicklungsländer	16
Über die Voraussetzungen einer wirksamen Entwicklungshilfe	17
Projektbindung und Verwendungskontrolle	20
Erläuterung des Projektbegriffs	21
Koordinierung der Geber	22
Zusammenfassung	25

Der Veröffentlichung liegt ein Vortrag zugrunde, der von Dr. Otto Donner, Executive-Director der International Bank for Reconstruction and Development (Weltbank) und Professor an der Georgetown Universität, Washington, auf der Mitgliederversammlung des Ifo-Instituts am 15. Juni 1962 gehalten wurde.

Seitdem Präsident Truman es in seinem Punkt-4-Programm von 1949 als eines der Anliegen der amerikanischen Außenpolitik bezeichnet hatte, beim wirtschaftlichen Aufbau der unterentwickelten Länder mitzuwirken, haben die westlichen Industriestaaten ein System der Entwicklungshilfe aufgebaut, für das es nach Art und Umfang kein Simile in der Weltgeschichte gibt. Auf Grund der vor einigen Monaten von der OECD vorgelegten Statistiken[1] schätze ich, daß den Entwicklungsländern in den $12^1/_2$ Jahren seit Ende 1949 von den westlichen Industriestaaten rd. $ 40 Mrd. an öffentlichen Mitteln, rd. $ 30 Mrd. an privaten Mitteln, insgesamt also etwa $ 70 Mrd. zur Verfügung gestellt worden sind.

Kritische Äußerungen

Über den Sinn und Nutzen dieser gigantischen Veranstaltung sind mancherlei Zweifel geäußert worden. Sie alle kennen den weidlich breitgetretenen Fall des goldenen Bettes der Frau eines afrikanischen Ministers (der übrigens prompt danach seines Amtes enthoben wurde). Sie kennen auch die Bildreportage über den luxuriösen Lebensaufwand bestimmter westafrikanischer Politiker mit der bösartigen Schlagzeile „Und das von unserem Geld". Vielleicht haben Sie auch die Zeitungsnotiz gesehen, in der die Rede war von der Ermahnung einer ostafrikanischen Handelskammer an ihre Mitglieder, Entwicklungskredite und Entwicklungsgeschenke nur für produktive Zwecke und nicht auch zum Ankauf zusätzlicher Frauen zu verwenden — und von der Replik eines der Adressaten, Frauen seien doch eine gute Kapitalanlage, besonders wenn sie Töchter produzieren, weil diese ja später das vom Bräutigam zu erlegende Heiratsgeld einbringen[2].

Über solche Einzelfälle mehr skurrilen Charakters hinweg greift der von wohlinformierten Beobachtern gelegentlich geäußerte Vor-

---

[1] The Flow of Financial Resources to Countries in Course of Economic Development in 1960. — Vgl. ferner: The Flow of Financial Resources to Countries in Course of Economic Development 1956—1959; OECD, Paris, April 1961.

[2] The New York Times vom 9. Mai 1962.

wurf, öffentliche Entwicklungshilfe wirke schlechthin entnervend. So beklagte sich vor etwa einem Jahr der damalige Präsident der der Weltbank angeschlossenen Internationalen Finanz-Corporation, daß es zuviel Beispiele von Regierungen gebe, die ihre Hauptanstrengungen darauf richten, ein Maximum an Wirtschaftshilfe zu erlangen, statt sich um eine stärkere Mobilisierung der Möglichkeiten des eigenen Landes zu kümmern. Ein amerikanischer Beamter wurde unlängst mit der Äußerung zitiert, daß in gewissen Entwicklungsgebieten für jeden Dollar, der als Wirtschaftshilfe hineingegeben wird, am anderen Ende ein Dollar auf schweizerische und amerikanische Bankkonten abwandert[3]. Die allein von Lateinamerikanern derart in Sicherheit gebrachten Kapitalbeträge sind von dem amerikanischen Senator Javits auf $ 9 bis 15 Mrd. geschätzt worden[4].

Unbehagen herrscht sodann auch über die Grundsätze, nach denen die Industrieländer in der praktischen Ausgestaltung ihrer Hilfspolitik verfahren. Manche Kritiker meinen, die Entwicklungshilfe, so wie sie jetzt betrieben wird, leiste planwirtschaftlichen Tendenzen sowjetischen Charakters Vorschub. Andere Kritiker sind ganz im Gegenteil der Ansicht, es werde zu wenig getan, um die Einzelaktionen in ein gründlich durchdachtes langfristiges Entwicklungsprogramm einzubauen.

Zum Teil sehr extreme Bemerkungen knüpfen sich schließlich an die Größenordnung der zu bewältigenden Aufgabe. Bei der grenzenlosen Not in den Entwicklungsgebieten, so sagen die einen, muß das wohlgemeinte Experiment der Entwicklungshilfe schließlich zum „größten Bankrott der Welt" führen, wofern die Industriestaaten sich nicht auf erheblich größere Opfer einrichten[5]. Andere möchten die Entwicklungshilfe am liebsten ganz abschaffen. Mit einem starken Unterton moralischen Stolzes, manchmal so, als ob der Wohlstand der eigenen Nation ihr persönliches Verdienst sei, bezeichnen sie es als nur recht und billig, wenn man die jetzt unterentwickelten Länder darauf verwiese, sich ohne fremde Hilfe aus eigener Kraft in eben der gleichen Weise emporzuarbeiten, wie es früher die jetzigen Industriestaaten getan haben. (Man hört solche Meinungen, wie der Vollständigkeit halber hinzugefügt werden mag, übrigens nicht nur in Europa und den Vereinigten Staaten, sondern auch in dem sich erst neuerdings stärker in die Entwicklungshilfe einschaltenden Rußland.)

Lassen Sie mich, meine Damen und Herren, in Anknüpfung an die in den letztzitierten Äußerungen zum Ausdruck kommende Intransigenz

---

[3] US News and World Report, 14. Mai 1962.
[4] Journal of Commerce vom 11. Mai 1962.
[5] Professor Dr. Baade, MdB, Anfang Dezember 1961 vorm „Internationalen Kulturkongreß: Die Sechziger Jahre"; lt. Industriekurier Düsseldorf vom 7. Dezember 1961.

zunächst auf die Frage eingehen, ob es denn überhaupt noch im freien Belieben des Westens — und damit der Bundesrepublik — steht, die Frage, ob Wirtschaftshilfe oder nicht, in dem einen oder anderen Sinne zu beantworten.

Warum überhaupt Entwicklungshilfe?

Entwicklungshilfe rechtfertigt sich zunächst aus humanitären Gründen. Die menschlich-christliche Verantwortung gegenüber der Familie, den Freunden und Nachbarn stand in der zivilisierten Welt niemals in Frage. Durch die seit dem zweiten Drittel des 19. Jahrhunderts sich durchsetzende Sozialgesetzgebung — und durch zahlreiche andere Maßnahmen mit sozialem Einschlag, wie z. B. die progressive Einkommenbesteuerung — wurde dieses ethische Prinzip auf die nationale Ebene gehoben. Es jetzt auch international zu verankern, erscheint um so natürlicher und zwingender, als die zunehmende Internationalisierung aller Beziehungen die einzelnen Teile der Welt immer enger aneinander ruckt. Minister Scheel hat hierauf hingewiesen, als er von der Entwicklungspolitik als einem sozialpolitischen Problem in weltweitem Ausmaß sprach und dabei auf die Worte des Bundespräsidenten verwies: „So wie der Bruder gegenüber dem Bruder Verantwortung trägt, so haben auch die Völker für einander einzustehen." Für die europäischen Industrienationen, die durch den Marshallplan den Segen der Anwendung dieses Grundsatzes am eigenen Leibe erfahren haben, kommt darüber hinaus in Betracht, daß es ihnen schlecht anstehen würde sich zu weigern, diesen Grundsatz auch selbst zu praktizieren, nachdem sie materiell dazu in die Lage versetzt worden sind.

Eine zweite Rechtfertigung der Entwicklungshilfe ergibt sich vom Wirtschaftlichen her. Die Zeiten, in denen man glaubte, die Förderung des nationalen Wohlstands lasse sich am besten durch Abschließung von anderen Völkern oder gar deren Zerstörung erreichen, sind längst vorüber. Wir wissen heute, daß genau das Gegenteil der Fall ist. Je leistungsfähiger die Umwelt, desto bessere Märkte bietet sie, und um so mehr kann auf sie als Bezugsquelle zurückgegriffen werden. Insoweit Entwicklungshilfe den Erfolg hat, den armen Ländern voranzuhelfen, steigert sie den internationalen Güteraustausch. Entwicklungshilfe wird damit zu einem Faktor zugleich auch der Förderung des eigenen Wohlstandes. Die gegenseitigen Interessen ergänzen sich dabei um so glücklicher, als die Produktionsstruktur der Industrienationen so eingerichtet ist, daß sie erheblich mehr Kapitalgüter erzeugen, als von ihnen selbst benötigt werden. Just diese Kapitalgüter sind es aber, auf deren Import die Entwicklungsländer für die Verbreiterung und Vertiefung ihrer wirtschaftlichen Basis angewiesen sind. Entwicklungshilfe ist deshalb, von seiten der Industrieländer her gesehen, ganz offensichtlich zugleich auch ein Akt der Exportfinanzierung. (Hieraus den Schluß abzuleiten, Entwicklungshilfe und Exportinteressen seien absolut identisch und man könne Entwicklungshilfe schlechtweg unter dem Gesichtspunkt der Exportförderung betreiben, wäre freilich ein grober Fehler.)

Die dritte Rechtfertigunng für die Entwicklungshilfe liegt im Politischen. In Lateinamerika, Afrika, Asien und dem Mittleren Osten vollzieht sich ein Aufbegehren gegen die überkommenen Formen des Lebens und die in vielen Fällen abgrundtiefe Armut. Mit eineinhalb Milliarden Menschen sind diese Gebiete bevölkert. Diesen Menschen eine reale Hoffnung für die Möglichkeit einer Besserung ihres Lebensstandards zu geben und sie dabei zu unterstützen, sich aus der Enge ihrer Verhältnisse emporzuarbeiten, ist eine außenpolitische Aufgabe ersten Ranges. Wenn wir verhindern wollen, daß sie sich in ihrer Ungeduld einem uns feindlichen System verschreiben, müssen wir ihnen helfen, die in einer freiheitlichen Wirtschafts- und Sozialordnung liegen Chancen wahrzunehmen. Die Zeiten, in denen wir uns außenplitisch mit den traditionellen Methoden der reinen Diplomatie und Militärpolitik begnügen können, sind vorbei. Professor Rostov, der Unterstaatssekretär für politische Planung im amerikanischen Außenministerium, sprach in einer Rede vor der Purdue Universität am 15. März 1962 von der Notwendigkeit einer fünfdimensionalen Strategie: (1) Sicherung der westlichen Basis durch Festigung der Bindungen, die zwischen den hochindustrialisierten Ländern bestehen (Reorganisation der NATO, Abbau der Handelshemmnisse, intensivere Zusammenarbeit im Rahmen der OECD), (2) systematische Entwicklungshilfe, (3) Erstellung von Partnerschaftsverhältnissen der westlichen Industrieländer mit den Entwicklungsländern oder Gruppen von Entwicklungsländern, (4) militärische Abschirmung des Aufbauwerks, (5) ideologische Aushöhlung des gegnerischen Lagers durch die im Zuge einer solchen Politik zu erwartenden Erfolge. Entwicklungshilfe ist also ein unauslösbarer Bestandteil der auf Sicherung unserer politischen Existenz gerichteten Maßnahmen und ein notwendiges Korrelat insbesondere auch der Verteidigungspolitik.

All dieses zusammen — das humanitäre, das wirtschaftliche und das politische Argument — stellt uns unter die unabweisbare Verpflichtung, den Entwicklungsgebieten dabei zu helfen, den Anschluß an moderne Formen der wirtschaftlichen und technischen Entwicklung zu finden. Eine in diesem Sinne aufgefaßte Entwicklungshilfe ist mehr als die Summe ihrer Teile. Sie ist kein bloßes Konglomerat einzelner Maßnahmen sozial-, handels- und außenpolitischen Charakters. Um erfolgreich sein zu können, muß Entwicklungshilfe auf eine systematische Förderung des wirtschaftlichen Wachstums der Entwicklungsgebiete abgestellt werden. Die Entwicklungsgebiete müssen schneller, als es ohne Mithilfe von außen möglich wäre, an eine Wirtschaftsstufe herangeführt werden, von der aus sie ihr weiteres wirtschaftliches Wachstum aus eigener Kraft zu betreiben in der Lage sind.

Hoffnungslose Stagnation der Entwicklungsgebiete?

Nun wird oft bestritten, daß diese Hilfe zur Selbsthilfe Aussicht auf Erfolg hat. Wir stehen, so wird dann gesagt, vor einer hoffnungslosen Stagnation in den Entwicklungsgebieten. Das internationale Wohlstandsgefälle werde trotz Entwicklungshilfe immer größer, statt, wie wir es wollen, sich zu verkleinern[6]. Es sei dies ein Beweis für die Wirkungslosigkeit jedenfalls der bisherigen, vielleicht sogar aller Entwicklungshilfe.

In der Wirklichkeit jedoch hat die Wirtschaft der unterentwickelten Gebiete eine sehr viel größere Dynamik, als diese Skeptiker unterstellen. So enthält der unlängst für 1961 von der ECAFE (Economic Commission for Asia and the Far East) vorgelegte Jahresbericht die bemerkenswerte Feststellung, daß die Wachstumsraten des Volkseinkommens einer ganzen Reihe von Ländern des asiatischen und fernöstlichen Raumes einen Vergleich mit den Wachstumsraten der hochentwickelten Länder sehr wohl aushalten[7]. Während im Durchschnitt der Jahre 1950 bis 1959 das Volkseinkommen der Vereinigten Staaten um 3,3 % p. a. zunahm, war die jährliche Zuwachsrate der Philippinen 6 %, die für Indonesien, Cambodia und Ceylon 3,6 bis 4 %, für Indien und Pakistan 3,1 bzw. 2,6 %. Die Betrachtung allein der industriellen Produktion ergibt ein noch günstigeres Bild. Sie zeigt für die Jahre 1953 bis 1960 einen Anstieg von 63 % für Lateinamerika, von 10 % für Asien (ohne Japan und kommunistisches China), aber von nur 39 % für die Welt als Ganzes.

Natürlich müssen wir uns hüten, allzu präzise Folgerungen an solche Zahlen zu knüpfen. Indexvergleiche können nie sehr genau sein. Aus Gründen, die zu erläutern hier zu weit führen würde, tendieren sie

---

[6] Vgl. z. B. „Milliarden in den Busch? Spiegel-Gespräch mit dem Bundesminister für wirtschaftliche Zusammenarbeit, Walter Scheel", in welchem Minister Scheel die Frage vorgelegt wurde: „Glauben Sie, daß die Empfängerländer mit unseren Milliarden eine sichtbare Hebung ihres Lebensstandards erreichen? Dagegen sprechen die Erfahrungen der amerikanischen Entwicklungshilfe während der letzten zehn Jahre, in denen das Wohlstandsgefälle nicht kleiner, sondern größer geworden ist?"; in: Der Spiegel vom 16. Mai 1962, Nr. 20, S. 28.

[7] Economic Survey of Asia and the Far East 1961. United Nations Publication, Sales Number: 62. II. F. 1.

dazu, den durchschnittlichen Anstieg schnell wachsender Komplexe zu übertreiben. Aber auch bei Berücksichtigung aller Vorbehalte, die wir vernünftigerweise machen müssen, bleibt es doch dabei, daß in den unterentwickelten Gebieten das derzeitige Tempo des Ausbaus der Güterproduktion mindestens ebenso groß ist wie in den übrigen Teilen der Welt, und daß bestimmte einzelne Entwicklungsländer Wachstumsraten vorweisen, welche diejenigen der meisten Industrieländer hinter sich lassen.

Interessant ist ferner, daß die Wachstumsraten der heute hochentwickelten Länder während der Frühzeit ihrer Industrialisierung keineswegs größer gewesen zu sein scheinen als die derzeitigen Wachstumsraten der heutigen Entwicklungsländer. Eine in der Weltbank angefertigte Untersuchung[8] zeigt, daß seit etwa Mitte des vorigen Jahrhunderts bis zur Jahrhundertwende das Sozialprodukt sich in den Vereinigten Staaten um 4,6 % p. a. erhöhte, in Deutschland um 3,8 %, in Italien um 3,3 %, in Frankreich um 1,7 %. Das derzeitige Wachstum des Sozialprodukts einiger Länder Lateinamerikas und Asiens geht darüber hinaus. Beispiele für Asien habe ich vordem genannt. Beispiele für Lateinamerika sind (in der Reihenfolge ihrer Wachstumsraten) Venezuela, Kolumbien, Costa Rica, Brasilien, Mexiko, Guatemala, Equador und Honduras.

Noch ermutigender ist, daß die Expansion der unterentwickelten Gebiete an Schwungkraft zu gewinnen scheint. In all den — zugegebenermaßen nicht sehr häufigen — Fällen, für welche ausreichend lange Reihen vorliegen, läßt sich die Wahrscheinlichkeit dieser Annahme statistisch dartun. Bis auf Argentinien, das durch Peron unsagbar zurückgeworfen wurde, expandierte jedes dieser Länder in den letzten 10 bis 15 Jahren schneller als zuvor. Für die übrigen Entwicklungsländer, deren Vergangenheit sich einer statistischen Durchleuchtung entzieht, zwingen allgemeine Überlegungen zu einem ähnlichen Schluß: Hätte die Gütererzeugung jener Gebiete in früheren Jahrzehnten ebenso schnell zugenommen wie sie es jetzt tut, wäre das internationale Wohlstandsgefälle gewiß sehr viel geringer, als es sich heute darstellt.

Und wie steht es mit der oft geäußerten Behauptung, daß die Bevölkerungsexplosion die Zunahme des Sozialprodukts annulliert, das Je-Kopf-Einkommen der Entwicklungsgebiete reduziert und dadurch die Spanne zwischen reichen und armen Völkern immer weiter aufreißt? Ein derart krasser Tatbestand — Rückgang des Sozialprodukts je Kopf der Bevölkerung — ist nur sehr selten gegeben; Paraguay ist einer der wenigen Fälle. Häufiger ist es, daß der Produktionsanstieg

---

[8] Dragoslav Avramovic, Historical Aspects of Development, April 1961 (unveröffentlicht).

den Bevölkerungszuwachs nur knapp übertrifft; Bolivien, Chile, Ägypten, Pakistan und wahrscheinlich auch einige afrikanische Gebiete sind in der sich hieraus ergebenden unangenehmen Lage, ihr Je-Kopf-Einkommen trotz großer Anstrengungen nur sehr mäßig anheben zu können. Noch andere Länder jedoch (darunter Venezuela, Kolumbien, Brasilien, Mexiko, Birma und die Philippinen) verbesserten ihr Pro-Kopf-Einkommen mit mindestens der gleichen Zuwachsrate wie die Vereinigten Staaten. Im großen Durchschnitt aller Entwicklungsgebiete, so lehrt die vordem erwähnte in der Weltbank angestellte Studie, dürfte das Je-Kopf-Einkommen in den unterentwickelten Gebieten mit etwa der gleichen Jahresrate zunehmen wie in Nordamerika. Der Vergleich mit Europa fällt allerdings erheblich ungünstiger aus. Hinzugefügt werden muß aber sogleich, daß die europäischen Leistungen während der letzten Jahre wohl kaum als Maßstab dafür genommen werden dürfen, was man realistischerweise von den Entwicklungsländern erwarten darf. Die spektakuläre Rasanz, mit der einige Länder des Gemeinsamen Marktes expandierten, war aller Wahrscheinlichkeit nach ja doch einmalig.

Von der Behauptung, die Nutzlosigkeit der Entwicklungshilfe sei schon daraus zu folgern, daß die Entwicklungsgebiete trotz aller bisherigen Hilfe überhaupt nicht vorankommen, bleibt also nicht viel übrig. Gewiß, einige wenige Entwicklungsländer verharren in absoluter oder beinahe absoluter Stagnation. Andere aber sind inmitten eines sehr erfreulichen Aufbauwerks. Hüten wir uns also vor der schrecklichen Gewohnheit jener, die makabre Einzelfälle als allgemeine Tatbestände aufzutischen belieben!

Marktwirtschaftliche vs. öffentliche Entwicklungshilfe

Lassen Sie mich jetzt auf die Meinung einiger neo-liberaler Kreise eingehen, welche Entwicklungshilfe zwar bejahen, sie aber rein marktwirtschaftlich, ohne Mitwirkung des Staates, vollzogen sehen möchten[9]. Zwei Argumente werden von dieser Seite geboten, (1) die Entwicklungsländer könnten ihren legitimen Kapitalbedarf voll auf den internationalen Kapitalmärkten und durch Direktinvestitionen westlicher Firmen decken, wofern sie sich nur einer richtigen Finanz- und Wirtschaftspolitik befleißigen, (2) öffentliche Entwicklungshilfe sei illu-

---

[9] Vgl. u. a. Professor Dr. Fritz W. Meyer, Illusionäre Politik der Entwicklungshilfe; in: Wirtschaftspolitische Chronik des Wirtschaftspolitischen Instituts der Universität Köln, vol. No 3/61. — Ferner: Milton Friedman (Professor an der Universität Chicago), An Alternative to Aid. An Economist Urges U-S. to Free Trade, End Grants of Money; in: The Wall Street Journal, 30. April 1962.

sionär; sie leiste unerwüschten Kollektivierungstendenzen Vorschub, führe zwangsläufig zum Sozialismus sowjetischer Prägung und verletzte die Interessen nicht nur der Geber, sondern auch die wahren Interessen der Nehmer.

Es ist gewiß richtig, wie uns von diesen Kritikern gesagt wird, daß die Vereinigten Staaten, Frankreich, Deutschland und andere Länder der westlichen Welt im Verhältnis zu England auch einmal unterentwickelt waren und daß sie im 19. und beginnenden 20. Jahrhundert aus kapitalkräftigeren Volkswirtschaften bekommen haben, was man als private marktwirtschaftliche Entwicklungshilfe bezeichnen kann. Richtig ist auch, daß alles getan werden sollte, war irgend möglich ist, um die heute unterentwickelten Länder in ein ähnliches freies System der Entwicklungshilfe einzuschalten. Einem Irrtum aber verschreibt sich, wer glaubt, solche Bemühungen könnten die öffentliche Entwicklungshilfe überflüssig machen.

Ein grundlegender Unterschied zur Zeit vor dem ersten Weltkrieg besteht zunächst insofern, als auf die Geberseite die Industrieländer, was sich bereits in ihrem fast durchweg höheren Zinsniveau widerspiegelt, kapitalmäßig heute beengter sind als damals. Auch setzen die Industrieländer jetzt einen sehr viel größeren Teil ihrer Kapitalbildung für die Untermauerung des eigenen inneren Wachstums dran. Die für kommerzielle Auslandsinvestitionen verbleibende Quote der Kapitalbildung hat sich erheblich verringert. Der Kapitalexport, den die Engländer vorm ersten Weltkrieg hatten — und mühelos finanzierten! — entsprach etwa 4 % ihres Volkseinkommens. Heute aber ist man schon froh, wenn ein Industrieland für öffentliche und private Entwicklungshilfe zusammengenommen etwa 1 % des Volkseinkommens zur Verfügung stellt, und auch dabei bedarf es im allgemeinen noch großer Anstrengungen, um dieses Soll zu erreichen. Überdies stößt der wichtigste der heutigen Kapitalgeber, Amerika, bereits mit diesem Kapitalexport — und gerade mit dem privaten Teil davon — an die Grenze des zahlungsbilanzmäßig eben noch Tragbaren. Ich verweise in diesem Zusammenhang auf die vielbeachtete Romer Rede von Finanzminister Dillon vor der American Bankers Association im Mai dieses Jahres. Dillon warnte darin vor einer Überbeanspruchung des New Yorker Marktes durch Auslandsemissionen.

Auf der Nehmerseite haben sich ebenfalls grundlegende Strukturveränderungen vollzogen. Die Entwicklungsländer des 19. Jahrhunderts waren entweder europäische Nachbarn, oder sie waren Siedlungskolonien (wie Nordamerika, Argentinien, Australien), bei denen europäischer Kapitaleinstrom und europäische Einwanderung sich gegenseitig unterstützten. Man ließ das Kapital sozusagen in der Familie, bei Stammesgenossen mit gleicher Kultur, ähnlichen politischen und Rechtssystemen. Die heutigen Entwicklungsländer stehen zu den derzeitigen Kapitalexporteuren in einem ganz anderen Verhältnis. Sie wollen sich nicht als ein „Seitentrieb der europäischen Zivilisation" entfalten und wollen ihre Kapitalanlagen nicht auf die Bedürfnisse des Stammlandes ausrichten. In betonter Unabhängigkeit möchten sie ihren eigenen Weg gehen.

Ein Teil der sich hieraus für den privaten Kapitalexport ergebenden Hemmungen würde entfallen, wenn die Entwicklungsländer ganz generell dazu übergingen, ausländische Anleger pfleglicher zu behandeln, Kapitalschutzabkommen zu treffen und auch zu respektieren, sowie eine stets einsichtsvolle Devisen- und Preispolitik zu betreiben. Aber selbst bei Erfüllung all dieser Bedingungen kann der Einstrom privaten Kapitals schwerlich ein Volumen annehmen, das die öffentliche Kapitalhilfe entbehrlich machen würde. Gewinnen würden vor allem die auf dem Entwicklungspfad bereits fortgeschritteneren Länder; denn diese sind es, die aufs Auslandskapital erfahrungsgemäß eine größere Anziehungskraft ausüben. Die rückständigeren Gebiete würden weiterhin vornehmlich auf öffentliche Hilfe angewiesen sein. Wir werden uns, so fürchte ich, auf die öffentliche Entwicklungshilfe als eine für geraume Zeit unvermeidliche Institution einrichten müssen.

Mit dem zweiten der vordem zitierten Argumente aus dem neoliberalen Lager steht es nicht besser, nämlich mit der Behauptung, daß öffentliche Entwicklungshilfe, weil sie die Hand der Regierungen stärkt, ein System der zentralen Verwaltungswirtschaft mit sozialistischem Kontrollappart, Vernichtung des privaten Unternehmertums, Vernichtung der Freiheit und der Demokratie heraufbeschwört. Wenn eine solche Kausalkette wirklich gegeben wäre, hätte die Marshallhilfe für Europa, die ja öffentliche Hilfe an Regierungen war, katastrophale Folgen haben müssen. Sie war aber, wie alle Welt weiß, ein phänomaler Erfolg. Geld in der Hand einer Regierung ist eben nicht schon ein Übel an sich.

Ebensowenig sind Entwicklungspläne notwendigerweise totalitären Charakters. Entwicklungspläne ohne totalitäre Methoden sind nicht nur theoretisch möglich, sondern werden bereits praktisch mit vielfach anerkennenswertem Erfolg betrieben. Die Regierungen konzentrieren sich in diesen Fällen darauf, in möglichst marktkonformer Weise auf ein vernünftig abgestimmtes Wachstum der einzelnen Wirtschaftszweige hinzuwirken, die Investitionsprioritäten entsprechend zu setzen und den Gesamtumfang aller Vorhaben im Rahmen des mit den vorhandenen Ressourcen Erreichbaren zu halten. Indien, dessen Entwicklungsplanung wahrscheinlich umfassender ist als die aller übrigen nicht-kommunistischen Entwicklungsländer, verfährt in diesem Sinne.

Landläufigen Vorstellungen entgegen spielen das Unternehmertum und der Markt in Indien eine recht erhebliche Rolle. So gehören von den Industrie- und Bergbauinvestitionen des zweiten und dritten indischen Fünfjahresplans etwa 50 % zum privaten Sektor. Und vergessen wir schließlich nicht, daß selbst in denjenigen Volkswirtschaften, die wir als Prototypen der Marktwirtschaft ansehen, der Staat einen erheblichen Anteil der Produktionsfaktoren über seine Kanäle leitet. In den Vereinigten Staaten sind es 20 %. Die vergleichbare Zahl für Indien, dem man so häufig den Vorwurf einer kraß sozialistischen Politik macht, ist erheblich geringer. Professor *Galbraith*, der amerikanische Botschafter in New Delhi, veranschlagt sie auf nur 13 bis 14 %[10].

Zu den eigenen Anstrengungen der Entwicklungsländer

Einleitend hatte ich auf die Kritik Bezug genommen, die Mr. Garner, der damalige Präsident der Internationalen Finanz-Corporation, im letzten Jahr bei der Tagung der Bretton-Woods-Institute in Wien an den Entwicklungsländern geübt hatte. Weil diese Ausführungen von der Presse groß aufgegriffen worden waren und viele Zuhörer den Eindruck hatten, daß hier erstmals sensationell öffentlich ausgesprochen wurde, worüber man sich bisher nur flüsternd in den Wandelgängen unterhalten hatte, möchte ich auf sie jetzt etwas ausführlicher eingehen. Alle Welt, so sagte Herr Garner, wiederhole die Platitüde, daß jedes Land für seine Zukunft selbst verantwortlich sei und Entwicklungshilfe nur supplementär sein könne. Zu wenige Regierungen aber bemühten sich wirklich um eine stärkere Mobilisierung der Kräfte ihres eigenen Landes.

Daß es mit dem eigenen Beitrag der Entwicklungsländer in der Tat vielfach hapert, ist zweifellos zutreffend. So beklagt das Sekretariat der Vereinten Nationen, das gewiß nicht im Verdacht einer Voreingenommenheit gegen die Entwicklungsländer steht, die enttäuschend niedrige Sparkapitalbildung vieler Entwicklungsländer[11]. Das Sparen, das für den Eintritt in die Phase eines sich selbsttätig tragenden wirtschaftlichen Fortschritts notwendig ist, wird üblicherweise auf mindestens 12 bis 15 % des Volkseinkommens geschätzt. In vielen Entwicklungsländern wird diese Quote bei weitem nicht erreicht, ohne daß, was besonders bedauerlich ist, Symptome einer Erhöhung erkennbar sind. Statt das darum — eben wegen der Knappheit — doppelt kostbare Kapital ausschließlich für Zwecke zu reservieren, bei denen

---

[10] John Kenneth Galbraith, Economic Development in Perspective; Harvard University Press, 1962; S. 33.
[11] World Economic Survey 1960; United Nations Publication, Sales No.: 61. II. C. 1; Seite 85 ff.

sich ein maximaler Nutzeffekt ergibt, wird es auch noch vielfach für Investitionen benutzt, die in der volkswirtschaftlichen Prioritätenskala nicht allzu hoch stehen.

Reine Verschwendung (für Luxusgebäude und persönlichen Aufwand) ist — allen Sensationsmeldungen entgegen — allerdings selten, jedenfalls im Bereich des mit Entwicklungshilfe Finanzierten, weil die bilateralen und multilateralen Geber meist nur Projekthilfe gewähren und über die bestimmungsgemäße Verwendung dieser Gelder wachen. Wohl aber besteht eine Tendenz, optischer Effekte wegen für den Ausbau von Infrastrukturen mehr als wahrscheinlich notwendig, für die nicht so spektakuläre unmittelbare Produktionsförderung aber zu wenig zu tun[12]. Selbst bei der Entscheidung über den Bau von Industriebetrieben, für die eine saubere Ertragsschätzung verlangt werden sollte und möglich ist, wird nicht immer zweckmäßig verfahren. Nicht selten wird komplizierten Einrichtungen mit hoher Kapital- und Einfuhrintensität der Vorzug gegeben vor Konstruktionen, die, obzwar bescheidener, wegen ihrer kleineren Kapital- und Devisenansprüche sehr viel besser am Platze wären und den — für unterentwickelte Länder mit ihrem chronischen Mangel an hochqualifiziertem Personal sehr wichtigen — zusätzlichen Vorteil hätten, an die Betriebsführung geringere Ansprüche zu stellen. In einigen Ländern wurde die Landwirtschaft in einem Grade vernachlässigt, daß sie zu einem das Wachstum auch der übrigen Sektoren hemmenden Faktor wurde.

Bis zu einem gewissen Grade sind diese und ähnliche Mißgriffe einfach das Lehrgeld, das die um Fortschritte ringenden Länder zu zahlen haben. Fehldispositionen ereignen sich auch im hochentwickelten Westen, weshalb kein Anlaß besteht, schon über jede Einzelpanne in Aufregung zu geraten. Was wir beobachten, sind aber leider nicht nur isolierte Schnitzer, sondern oft genug generelle Verhaltensweisen, die sich aus dem Fehlen einer tüchtigen öffentlichen Verwaltung, mangelnder Allgemeinbildung der Bevölkerung und unzureichender sozialer Gerechtigkeit ergeben.

Über die Voraussetzungen einer wirksamen Entwicklungshilfe

In der früheren Diskussion ging man üblicherweise davon aus, daß größere Kapitaleinfuhr und eine gewisse technische Hilfe zur Überwindung der Rückständigkeit der ärmeren Länder genügen. Weil die

---

[12] Die Bereitschaft mancher Geberländer, bei Entwicklungskrediten für Infrastrukturen einen niedrigeren Zins zu setzen als bei Krediten für kommerzielle Projekte, kommt dieser Neigung sehr stark entgegen. — Hinweise auf Beispiele eines unzweckmäßigen Kapitaleinsatzes in den Entwicklungsländern Asiens und des Fernen Ostens finden sich in dem vorerwähnten Economic Survey of Asia and the Far East 1961.

Kapitalausstattung je Kopf der Bevölkerung in den fortgeschritteneren Länder hoch ist, stellte man es vielfach sogar fast ausschließlich auf Kapitalinjektionen in die Entwicklungsgebiete ab.

In fast allen westlichen Volkswirtschaften verhält sich der Zuwachs des Sozialprodukts zur Kapitalbildung in der Regel wie etwa 1 : 3. Mit einer ums Dreifache größeren Kapitalinvestition — und im Falle von Entwicklungsländern mit einem gewissen Einschuß auch an technischer Hilfe — könne man, so schlossen manche Ökonometriker, jede Zunahme des Sozialprodukts erreichen, die man sich wünscht. Auf der Basis solcher Vorstellungen sind all die Schätzungen zustandegekommen, was die Industrieländer zusätzlich an Entwicklungshilfe aufbringen müßten, um die Wachstumsrate der Entwicklungsgebiete auf ein politisch und sozial akzeptables Niveau zu heben. Ein Beispiel ist die bekannte Broschüre von Paul G. Hoffman, dem Leiter des Sonderfonds der Vereinten Nationen: „100 Länder — 1¼ Milliarden Menschen." Hoffman sagt hierin, daß man mit jährlich $ 3 Mrd. zusätzlicher globaler Entwicklungshilfe den Zuwachs des Volkseinkommens der Entwicklungsgebiete von z. Z. 3 auf 4 % p. a. steigern würde[13].

In der Zwischenzeit haben wir jedoch einsehen müssen, daß es keine derartig schematisch wirkenden Entwicklungsmultiplikatoren gibt und es mit der Kapitalhilfe und der traditionellen technischen Hilfe allein nicht getan ist. Das geflügelte Wort „Geld allein macht's nicht", ist insoweit durchaus zutreffend. Wie sollte ein Land in der Lage sein, den für die Hebung seiner Agrarproduktion unerläßlichen landwirtschaftlichen Beratungsdienst auf genügend breiter Basis zu organisieren, wenn es (wie vielfach in Lateinamerika) eine nur fragmentarische Verwaltung hat, oder wenn es (wie vielfach bei den neuen afrikanischen Staaten) noch kaum eine Verwaltung besitzt? Wie kann es in einem Lande mit niedrigem Bildungsstand und großem Analphabetentum gelingen, schnell zu einer genügenden Zahl von kompetenten Facharbeitern, Ingenieuren, Verwaltungsbeamten und Unternehmern zu kommen, ohne die eine merkbare Industrialisierung nicht möglich ist? Und schließlich: Wie kann man von Pächtern und Arbeitern größere Anstrengungen zur Produktionssteigerung erwarten, wenn eine archaische Sozialordnung ihnen die Früchte ihrer Arbeit vorenthält?

Wer zu breiten Verallgemeinerungen neigt, könnte durch die obigen Fragen noch mehr entmutigt werden, als er vielleicht schon ohnehin ist, da Strukturschwächen, wenn überhaupt, ja nur sehr allmählich beseitigt werden können. Zum Trost darf ich sagen, daß wir es bei den Entwicklungsländern mit einem breiten Spektrum von Fällen

---

[13] Vgl. auch: The Capital Development Needs of the Less Developed Countries; United Nations Publications, Sales No.: 62. II. D. 3.

zu tun haben, das von den wirklich primitiven Gebieten (wie in Afrika) über viele Zwischenstufen (wie Indien und Pakistan) bis zu den Staaten reicht, die vom Stadium eines sich selbst tragenden Wirtschaftsfortschritts nicht mehr allzu weit entfernt sind (z. B. Mexiko und Kolumbien). Die Leistungen der Länder, die der mittleren — und insbesondere natürlich der höchsten — Gruppe angehören, verdienen im allgemeinen Lob. Wo sich ein negatives Urteil rechtfertigt, handelt es sich in der Regel um Länder mit schweren Fehlern in der Sozialstruktur.

Die Erkenntnis dieser Unterschiede in den allgemeinen Voraussetzungen, welche die verschiedenen Entwicklungsländer für die wirksame Anwendung der traditionellen Mittel der Entwicklungshilfe — Kapitalhilfe und technische Hilfe — mitbringen, nötigt zu gewissen Konsequenzen in der Einstellung auch der Geber. Die Vorstellung, man könne überall das gleiche Entwicklungsrezept anwenden und bei Kapitalinjektionen wachse die Wirtschaft eines Landes gleichsam automatisch, muß fallen gelassen werden. Es bedarf eines die besonderen Umstände jedes Einzelfalles berücksichtigenden Vorgehens. Massive Kapitalhilfe sollte im allgemeinen nur für die fortgeschritteneren Länder in Aussicht genommen werden. Bei den rückständigeren Gebieten wird man sich darauf konzentrieren müssen, ihnen mit den für eine Dynamisierung ihrer Gesellschaft und Wirtschaft notwendigen Reformen zu helfen, z. B. bei der Hebung des Bildungsstandards, der Erstellung einer wenigstens einigermaßen zulänglichen Verwaltung, Lockerung der Sozialstruktur, Öffnung des Landes durch Verbesserung der Verkehrswege. Technische Hilfe im weitesten Sinne sowie die Finanzierung elementarer Infrastrukturvorhaben werden hier aller Regel nach im Vordergrund stehen müssen.

Man beginnt, diesem Petitum stärker Rechnung zu tragen. So haben die Vereinigten Staaten in der Akte von Bogota und der für Lateinamerika organisierten „Allianz für den Fortschritt" eine Reihe durchgreifender Sozialreformen gefordert und deren Inangriffnahme durch Zusage von Kostenzuschüssen zu sichern versucht. Die Weltbank hat ebenfalls Schritte in dieser neuen Richtung unternommen. In der Erkenntnis, daß manche Entwicklungsländer eine Beratung mit sehr viel umfassenderen Zielen benötigen, als der technischen Hilfe bisher gesteckt waren, wird sie ihre bisher schon recht mannigfaltigen Dienste (Generaluntersuchungen einzelner Volkswirtschaften, Projektstudien, Ausbildungskurse u. dgl.) weiter ausbauen. Sie wird sich ein Korps von hochqualifizierten Experten mit weitgestrecktem Horizont angliedern, die den interessierten Regierungen für zentrale Verwaltungsaufgaben (darunter auch Programmierung des beruflichen Ausbildungs- und Erziehungswesens) zur Verfügung stehen.

Projektbindung und Verwendungskontrolle

Ich hatte früher von einer gewissen Tendenz mancher Entwicklungsländer gesprochen, ihre Investitionen nicht immer streng auf das ökonomische Prinzip auszurichten. Lassen Sie mich jetzt dartun, wie man dieser Tendenz im Rahmen der Entwicklungshilfe entgegen wirken kann. Ich werde mich dabei auf die Praxis der Weltbank und ihrer Tochter, der Internationalen Entwicklungsorganisation (IDA), beziehen. Das wird Ihnen zeigen, welch große Möglichkeiten bestehen, die Entwicklungshilfe durch Projektbindung ganz systematisch auf die echten Bedürfnisse des betreffenden Landes auszurichten und durch eine rigorose Verwendungskontrolle für eine einwandfrei saubere Abwicklung der Geschäfte, bei der kein Raum für eine unsachgemäße Verwendung der Gelder verbleibt, zu sorgen.

Zunächst zur Projektbindung. Weltbank und IDA sehen grundsätzlich von Rahmenzusagen ab. Anleihen werden immer nur für eindeutig bestimmte Zwecke erörtert. Globale Kreditversprechen für Zwecke, deren Spezifizierung späteren Verhandlungen vorbehalten bleibt, kommen nicht in Betracht. Es ist dies ein nicht unwichtiger Unterschied zur bilateralen Praxis mancher Geberländer.

Bevor es zu auch nur vorläufigen Kreditzusagen kommt, überzeugen sich Bank und IDA durch eine sehr gründliche volkswirtschaftliche Analyse des betreffenden Landes, wie dessen Investitionsprioritäten liegen; ob das Projekt, für das die Anleihe nachgesucht wird, für die Entwicklung des Landes vordringlich ist; ob die betreffende Regierung sich entwicklungskonform verhält. Fällt die Antwort auf diese Fragen bejahend aus, schließt sich der volkswirtschaftlichen Analyse als sog. Projektanalyse eine Überprüfung der technischen, betriebswirtschaftlichen und finanziellen Einzelaspekte des für eine Anleihe unterbreiteten Vorhabens an.

Sodann zur Verwendungskontrolle. Im Anleihevertrag werden regelmäßig, je nach der Art des Projekts und des Anleihenehmers, besondere Auflagen niedergelegt, etwa die Verpflichtung des Anleihenehmers, Berater oder Beratungsfirmen für den Bau der Anlage, und später die Leitung der fertiggestellten Anlage, heranzuziehen. In den Anleihen für Kraftwerksprojekte findet sich oft die Bestimmung, daß die Stromtarife wirtschaftlich sein müssen und außer den Kosten genügend Mittel auch zur Selbstfinanzierung später notwendiger Erweiterungsbauten einbringen sollen.

Die Auszahlung der durch Weltbank und IDA gewährten Kredite erfolgt nur gegen einen dokumentarischen Nachweis, aus dem hervorgeht, daß das Geld den im Anleihevertrag spezifizierten Zwecken zugeführt wird. Auch ist der Anleihenehmer gehalten, seine Bücher und

Akten zu einzurichten, daß sie die Identität der finanzierten Güter, deren projektgemäße Verwendung, den jeweiligen Stand der Projektausführung sowie den Finanzstatus der für die Projektausführung verantwortlichen Stelle erkennen lassen. Zur weiteren Kontrolle sind in den Kreditverträgen regelmäßige Berichte des Anleihenehmers sowie das Recht der Bank und der IDA für eine periodische Inaugenscheinnahme des Projekts vorgesehen. Bank und IDA verlangen all dies bei jedwedem von ihnen finanzierten Projekt, also auch dann, wenn ihr Finanzierungsbeitrag im Vergleich zu den sonst eingeschossenen Mitteln nur relativ klein ist.

Diese weitreichenden Kontrollrechte machen es der Bank und IDA möglich, in besonderen Fällen, wo die Bedürfnisse des Empfängerlandes es gerechtfertigt erscheinen lassen, Kredite überhaupt ohne Bindung an ein Projekt zu gewähren, z. B. für die Finanzierung der Einfuhr von Rohmaterial, Ersatzteilen und allgemein verwendbaren Maschinen. Bank und IDA sichern sich in diesen Fällen gegen eine Zweckentfremdung der Anleiheerlöse durch Einschaltung örtlicher, als verläßlich erwiesener, Kreditinstitute, oder durch Vorlage besonderer Verwendungsnachweise.

Erläuterung des Projektbegriffs

Der weitaus größte Teil der Anleihen sind jedoch, da sich auf diese Weise am besten eine gezielte Entwicklungsförderung erreichen läßt, Projektanleihen. Der Projektbegriff der Bank und IDA, der durch die Statuten nicht eng umrissen ist, umschließt die folgenden drei Tatbestände:

1. Bau neuer, selbständig in sich abgeschlossener Anlagen, wie z. B. Bau einer Straße, einer Brücke, eines Kraftwerks, einer Bewässerungsanlage, einer Zementfabrik usw.

2. Erweiterung und Modernisierung bestehender Anlagen. In all diesen Fällen wird, was Bank und IDA finanzieren, in bereits bestehende Einrichtungen integriert. Was neu hinzukommt, ist häufig nur ein verhältnismäßig kleiner Teil eines bereits bestehenden Anlagekomplexes. Weltbankanleihen für Versorgungsbetriebe, Häfen u. dgl. sind oft von diesem Typ, da deren Entwicklung sich meist in der Form langfristiger Erweiterungs- und Modernisierungsprogramme vollzieht. Auch Anleihen für die Modernisierung und Kapazitätserweiterung bestehender Fabriken gehören hierher.

3. Funktionelle Förderung einzelner Sektoren. Das Projekt ist hier keine räumlich in sich abgeschlossene Baueinheit im Sinne des Einzelneubaus oder der Erweiterung einer bestimmten Anlage, sondern die Aktion zur Verbesserung der Wirtschaft eines Landesteils oder eines

sonstwie umschriebenen Sektors in dem betreffenden Nehmerland. So gab die IDA im vergangenen Jahr einen Kredit an Taiwan zur Mitfinanzierung der Installation von 765 Tiefbrunnen zur Bewässerung von 84 000 Hektar in den westlichen und südwestlichen Küstengebieten des Landes und zur Mitfinanzierung der Beratung der Bewässerungsgenossenschaften. Andere Beispiele sind zwei Anleihen der Weltbank an Uruguay und Peru zur Finanzierung von Programmen für die Einfuhr landwirtschaftlicher Maschinen und Geräte, von Düngemitteln, Zuchtvieh, usw.

In der deutschen Öffentlichkeit denkt man, wenn von Projektfinanzierung die Rede ist, mehr oder minder ausschließlich an den ersten Typ (komplette Neubauten), seltener an den zweiten Typ (Erweiterung und Modernisierung bestehender Anlagen) und wohl überhaupt nicht an den dritten Typ (funktionelle Förderung einzelner Wirtschaftssektoren). In den bereits fortgeschritteneren Entwicklungsländern haben die beiden letzten Typen aber die Tendenz, allmählich immer wichtiger zu werden. In dem Maß, in dem diese Länder ihre Produktionsfähigkeit ausweiten und ihr Produktionssortiment anreichern, kommen sie in die Lage, mehr aus Eigenem zur Verfügung stellen zu können. Die Inder beispielsweise waren bisher darauf angewiesen, Dampfkraftwerke sozusagen als Ganzes in Kisten zu importieren. Unlängst aber konnten sie bei den Verhandlungen über den Bau einiger neuer Kraftwerke davon ausgehen, daß die benötigten Kessel, Transformatoren sowie das Schaltgerät aus der heimischen Produktion kommen, und daß für die Turbogeneratoren nur noch Einzelteile einzuführen sein würden. Erfolgreichere Entwicklungsländer werden Finanzierungshilfe also in steigendem Maß für den Import von Einzelmaschinen und Maschinenteilen in Anspruch nehmen wollen.

Vom Gesichtspunkt der auf Lieferung kompletter Großanlagen eingestellten Exporteure ist das ein gewisser Nachteil. In anderer Hinsicht jedoch ist diese Entwicklung, weil ein Reflex zunehmender Selbsthilfe, sehr zu begrüßen. Der Einfuhranteil an den Entwicklungsprogrammen muß sich dadurch verkleinern[14], was jeder Einheit Entwicklungshilfe einen um so größeren Wirkungseffekt gibt.

Koordinierung der Geber

Eine der ersten Voraussetzungen für eine sinnvolle Entwicklungspolitik ist es, daß die verschiedenen Einzelvorhaben aus einer systematischen Gesamtschau heraus so eingesetzt werden, daß sie den Ent-

---

[14] Die Devisenkomponente des derzeitigen Fünfjahresplans für das weniger entwickelte Pakistan ist 35 %, die des derzeitigen Fünfjahresplans für das fortgeschrittenere Indien nur 18 %.

wicklungserfordernissen des betreffenden Landes entsprechen und einander ergänzen. Eine zweite Voraussetzung liegt in der strengen Verwendungskontrolle. Wie Projektauswahl und Verwendungskontrolle sinnvoll und effektiv ausgeübt werden können, habe ich soeben am multilateralen Beispiel der von der Weltbank und IDA verfolgten Praxis gezeigt. In der bilateralen Entwicklungshilfe wird eine ähnliche Praxis angestrebt, wobei aus naheliegenden Gründen, die in der Hauptsache im Politischen liegen, selten auch nur annähernd ebenso weit gegangen werden kann.

Ungelöst ist bislang noch die Frage nach den Kriterien, auf Grund deren die insgesamt für Entwicklungshilfe verfügbaren Beträge auf die verschiedenen Entwicklungsgebiete verteilt werden sollten. Was soll man zugrunde legen? Das humanitäre Argument, demzufolge die ärmsten Länder am reichlichsten, die bereits fortgeschritteneren Länder weniger gut bedacht werden müßten? Oder das politische Argument, das eine Bevorzugung der Länder mit den größten inneren Spannungen nahelegen würde? Oder das wirtschaftliche Argument, das uns veranlassen müßte, unsere Anstrengungen auf diejenigen Länder zu konzentrieren, die dem Stadium des Take-Off am nächsten sind? Insoweit es sich um die Zuteilung von Entwicklungskrediten zu mehr oder minder kommerziellen Bedingungen handelt und die betreffenden Empfänger für solche Kredite gut sind, entsteht kein besonderes Problem. Das Angebot an solchen Krediten ist heute ausreichend groß[15]. Anders jedoch bei der Entwicklungshilfe zu Vorzugsbedingungen, d. i. bei den Geschenken und den sog. weichen Krediten: Das Angebot an solcher Entwicklungshilfe bleibt weit hinter der Nachfrage zurück und muß scharf repartiert werden.

Eine konsequente Ausrichtung der einzelnen Akte der Entwicklungshilfe auf das strategische Ziel der Entwicklungshilfe wäre am einfachsten, wenn die Entwicklungshilfe aller Geber durch eine Stelle geschleust und multilateral angesetzt würde. Vieler Gründe wegen kommt eine solche multilaterale Lösung unter den gegenwärtigen Verhältnissen jedoch nicht in Betracht. Die bilaterale Hilfe, die quantitativ bisher schon im Vordergrund stand, wird mit Sicherheit auch in den kommenden Jahren den Hauptteil der Entwicklungshilfe liefern.

Um so wichtiger ist es, die bilaterale Hilfe multilateral zu koordinieren. Bundeswirtschaftsminister Erhard hat diese Forderung bereits vor Jahren erhoben, als er sich für besseren Informationsaustausch unter den Gebern und eine bessere Koordinierung der aus den verschiedenen Quellen fließenden Entwicklungshilfe aussprach. Inzwischen

---

[15] Vgl. dazu meinen Aufsatz „Weltbank vor neuen Aufgaben"; in: Zeitschrift für das gesamte Kreditwesen, 14. Jahrgang, Heft 18, 15. September 1961.

sind mancherlei Fortschritte in dieser Richtung erzielt worden. Zu einer in allen Teilen befriedigenden Lösung ist es jedoch noch nicht gekommen.

Große Hoffnungen sind in die von der Weltbank für Indien und Pakistan entwickelte Konsortialtechnik gesetzt worden. Auf Grund der von Indien und Pakistan vorgelegten und von der Weltbank überprüften Fünfjahrespläne hat sich eine Gruppe von Gebern (darunter die Bundesrepublik) zusammengefunden, um zu versuchen, die Devisenlücke dieser Entwicklungspläne zu finanzieren. Für die ersten beiden Planjahre sind auch bereits sehr erhebliche Zusagen gemacht worden; an Indien in Höhe von $ 2225 Mio[16], an Pakistan in Höhe von $ 945 Mio. Die endgültige Verpflichtung zur Auszahlung der Mittel erfolgt durch Anleiheverträge zwischen Gebern und Nehmern, insoweit es sich bei den Gebern um Regierungen handelt, also auf bilateraler Basis.

Diese Konsortialtechnik ist aber nicht allgemein anwendbar. Indien und Pakistan hatten, wie erwähnt, umfassende langfristige Entwicklungspläne vorgelegt. Kaum eines der anderen Entwicklungsländer kann, weil es ihnen an den politischen und organisatorischen Voraussetzungen dafür fehlt, ähnliches tun. Damit entfällt schon rein technisch der Ansatzpunkt für die Berechnung einer den Geberländern zur Deckung vorzulegenden Finanzierungslücke. Zu bedenken ist ferner, daß die — wie die Erfahrung gezeigt hat: oft qualvollen — Bemühungen, die einzelnen Geber zu einer das Finanzierungssoll deckenden Erhöhung ihrer Beiträge zu bewegen, nicht allzu häufig wiederholt werden können.

Für andere Entwicklungsländer denkt man deshalb an weniger ambitiöse Veranstaltungen, nämlich an sog. „Koordinierungsgruppen". Den Koordinierungsgruppen würde — anders als den Konsortien — nicht die Aufgabe gesetzt sein, die sich aus einem langfristigen Entwicklungsplan ergebende Finanzierungslücke zu decken. Man würde sie lediglich zum Austausch von Informationen über das betreffende Land zwecks bestmöglicher Koordinierung der Maßnahmen, die von den einzelnen bilateralen und multilateralen Gebern ohnehin in Aussicht genommen sind, benutzen. Bemühungen zur Aufstellung solcher Koordinierungsgruppen sind sowohl von der Weltbank als auch von dem bei der OECD bestehenden Entwicklungsausschuß (DAC) unternommen worden.

Wofern die Koordinierungsgruppen sich von der Übernahme artfremder Aufgaben fernhalten, könnten sie sehr Nützliches leisten. Sie könnten zur Basis einer engen Zusammenarbeit der einzelnen Geber

---

[16] Am 30. Juli 1962 erhöht worden auf $ 2365 Mio.

werden und in der Tat den Erfolg einer sinnvollen Integration der aus den verschiedenen bilateralen und multilateralen Kanälen fließenden Entwicklungshilfe haben. Die Weltbank will die von ihr beabsichtigten Beratungsgruppen in diesem Sinne handhaben.

Zu bedauern wäre es, wenn der Versuch unternommen würde, den Beratungsgruppen schließlich doch einen konsortialähnlichen Charakter zu geben, d. h. sie als Forum zu benutzen, einen Druck auf die einzelnen Regierungen auszuüben, ihre Beiträge für jedes der jeweils behandelten Entwicklungsländer zu vergrößern und aufzuweichen. Solche Versuche könnten die Bereitschaft der Geber, sich an den Gruppen zu beteiligen, vermindern und dem Koordinierungsgedanken dadurch schaden.

Zusammenfassung

Meine Damen und Herren! Ich kann mir leider nicht einbilden, mit dem Vorgetragenen mein Thema auch nur annähernd erschöpft zu haben. Das Unbehagen an der Entwicklungshilfe erstreckt sich auf sehr viel mehr Dinge, als ich behandelt habe. So habe ich es unterlassen, die weit verbreitete Enttäuschung über den Mangel an politischem Dank der Entwicklungsländer zu kommentieren. Auch zu der Befürchtung, die Anforderungen an Entwicklungshilfe könnten allmählich in Dimensionen hineinwachsen, welche unsere Leistungskraft übersteigen, und zu der anderen Frage, welche Hoffnungen wir realistischerweise in eine spätere Rückzahlung der von uns gewährten Entwicklungskredite setzen dürfen, habe ich nicht Stellung genommen. Vielleicht wären Sie auch daran interessiert gewesen, einige Bemerkungen zu dem Mißvergnügen zu hören, das manchmal an die Politik der Bundesregierung, für deutsche Finanzhilfen üblicherweise keine Bindung an deutsche Lieferungen vorzusehen, geknüpft wird. All dies und vieles andere hätte ebenfalls eine Beleuchtung verdient. Da aber für eine auch nur einigermaßen erschöpfende Tiefenanalyse des Unbehagens an der Entwicklungshilfe eine ganze Vorlesungsserie notwendig wäre, mußte ich irgendwo eine Grenze ziehen. Ich muß mich mit der Hoffnung begnügen, Ihnen mit meinen Ausführungen wenigstens einige Anregungen gegeben zu haben.

Die Entwicklungshilfe ist, so hat es der Entwicklungsexperte der CDU, Dr. Gerhard Fritz, einmal ausgedrückt, ein abenteuerliches, aber trotzdem für unsere gemeinsame Existenz in einer künftigen friedlichen Welt notwendiges Unterfangen. Daß dieses Unterfangen Erfolg haben kann, glaube ich mit dem Hinweis auf das, was sich in den Entwicklungsgebieten vollzieht, gezeigt zu haben. Die These von der hoffnungslosen Stagnation der Entwicklungsgebiete, der auch durch Hilfe von außen her nicht beizukommen sei, findet in den Tatsachen keine Unterstützung. Das Wachstum des Sozialprodukts der Entwicklungsgebiete bleibt, wennschon es sich selbstverständlich auf sehr viel tieferem Niveau vollzieht, hinter dem vieler industrieller Nationen nicht zurück, und es scheint an Schwungkraft zu gewinnen. Den Maßnahmen, die sich darauf richten, den Entwicklungsländern eine noch stärkere wirtschaftliche Dynamik zu verleihen, ist damit eine echte Chance gegeben.

Printed by Libri Plureos GmbH
in Hamburg, Germany